AF335220

SUBORDINACIONES

SUBORDINACIONES

CARLOS PELLICER

SUBORDINACIONES

letras mexicanas

FONDO DE CULTURA ECONÓMICA

Primera edición, 1949
Primera edición en Letras Mexicanas, 1979

D. R. © 1979, Fondo de Cultura Económica
Av. de la Universidad 975, México 12, D. F.

ISBN 968-16-0376-1

Impreso en México

A
GABRIELA MISTRAL
HOMENAJE

EL VIAJE

Y moví mis enérgicas piernas de caminante
y al monte azul tendí.
Cargué la noche entera en mi dorso de Atlante.
Cantaron los luceros para mí.

Amaneció en el río y lo crucé desnudo
y chorreando la aurora en todo el monte hendí.
Y era el sabor sombrío que da el cacao crudo
cuando al mascar lo muelen los dientes del tapir.

Pidió la luz un hueco para saldar su cuenta
(yo llevaba un puñado de amanecer en mí).
Apretaron los cedros su distancia, y violenta
reunió la sombra el rayo de luz que yo partí.

Sobre las hojas muertas de cien siglos, acampo.
Vengo de la montaña y el azul retoñé.
Arqueo en claro círculo la horizontal del campo.
Sube, sobre mis piernas, todo el cuerpo que alcé.
Rodea el valle. Hablo,
y alrededor, la vida, sabe lo que yo sé.

4 de noviembre de 1946

DISCURSO POR LAS FLORES

A Joaquín Romero

ENTRE todas las flores, señoras y señores,
es el lirio morado la que más me alucina.
Andando una mañana solo por Palestina,
algo de mi conciencia con morados colores
tomó forma de flor y careció de espinas.

El aire con un pétalo tocaba las colinas
que inaugura la piedra de los alrededores.

Ser flor es ser un poco de colores con brisa.
Sueño de cada flor la mañana revisa
con los dedos mojados y los pómulos duros
de ponerse en la cara la humedad de los muros.

El reino vegetal es un país lejano
aun cuando nosotros creámoslo a la mano.
Difícil es llegar a esbeltas latitudes;
mejor que doña Brújula, los jóvenes laúdes.
Las palabras con ritmo —camino del poema—
se adhieren a la intacta sospecha de una yema.
Algo en mi sangre viaja con voz de clorofila.
Cuando a un árbol le doy la rama de mi mano
siento la conexión y lo que se destila
en el alma cuando alguien está junto a un hermano.
Hace poco, en Tabasco, la gran ceiba de Atasta

me entregó cinco rumbos de su existencia. Izó
las más altas banderas que en su memoria vasta
el viento de los siglos inútilmente ajó.

Estar árbol a veces es quedarse mirando
(Sin dejar de crecer) el agua humanidad
y llenarse de pájaros para poder, cantando,
reflejar en las ondas quietud y soledad.

Ser flor es ser un poco de colores con brisa;
la vida de una flor cabe en una sonrisa.
Las orquídeas penumbras mueren de una mirada
mal puesta de los hombres que no saben ver nada.
En los nidos de orquídeas la noche pone un huevo
y al otro día nace color de color nuevo.
La orquídea es una flor de origen submarino.
Una vez a unos hongos, allá por Tepoztlán,
los hallé recordando la historia y el destino
de esas flores que anidan tan distantes del mar.

Cuando el nopal florece hay un ligero aumento
de luz. Por fuerza hidráulica el nopal multiplica
su imagen. Y entre espinas con que se da tormento
momento colibrí a la flor califica.

El pueblo mexicano tiene dos obsesiones:
el gusto por la muerte y el amor a las flores.
Antes de que nosotros "habláramos castilla"
hubo un día del mes consagrado a la muerte;
había extraña guerra que llamaron florida
y en sangre los altares chorreaban buena suerte.

También el calendario registra un día flor.
Día Xóchitl. Xochipilli se desnudó al amor
de las flores. Sus piernas, sus hombros, sus rodillas
tienen flores. Sus dedos en hueco, tienen flores
frescas a cada hora. En su máscara brilla
la sonrisa profunda de todos los amores.

(Por las calles aún vemos cargadas de alcatraces
a esas jóvenes indias en que Diego Rivera
halló a través de siglos los eternos enlaces
de un pueblo en pie que siembra la misma primavera.)

A sangre y flor el pueblo mexicano ha vivido.
Vive de sangre y flor su recuerdo y su olvido.
(Cuando estas cosas digo mi corazón se ahonda
en su lecho de piedra de agua clara y redonda.)

Si está herido de rosas un jardín, los gorriones
le romperán con vidrio sonoros corazones
de gorriones de vidrio, y el rosal más herido
deshojará una rosa allá por los rincones,
donde los nomeolvides en silencio han sufrido.

Nada nos hiere tanto como hallar una flor
sepultada en las páginas de un libro. La lectura
calla; y en nuestros ojos, lo triste del amor
humedece la flor de una antigua ternura.

(Como ustedes han visto, señoras y señores,
hay tristeza también en esto de las flores.)

Claro que el clarísimo jardín de abril y mayo
todo se ve de frente y nada de soslayo.

Es uno tan jardín entonces que la tierra
mueve gozosamente la negrura que encierra,
y el alma vegetal que hay en la vida humana
crea el cielo y las nubes que inventan la mañana.

Estos mayos y abriles se alargan hasta octubre.
Todo el Valle de México de colores se cubre
y hay en su poesía de otoñal primavera
un largo sentimiento de esperanza que espera.
Siempre por esos días salgo al campo. (Yo siempre
salgo al campo.) La lluvia y el hombre como siempre
hacen temblar el campo. Ese último jardín,
en el valle de octubre, tiene un profundo fin.

Yo quisiera decirle otra frase a la orquídea;
esa frase sería una frase lapídea;
mas tengo ya las manos tan silvestres que en vano
saldrían las palabras perfectas de mi mano.

Que la última flor de esta prosa con flores
séala un pensamiento. (De pensar lo que siento
al sentir lo que piensan las flores, los colores
de la cara poética los desvanece el viento
que oculta en jacarandas las palabras mejores.)

Quiero que nadie sepa que estoy enamorado.
De esto entienden y escuchan solamente las flores.
A decir me acompañe cualquier lirio morado;
señoras y señores, aquí hemos terminado.

CANTO POR UN RECUERDO GRIEGO

A Benito Coquet

DIME, oh musa, a cuyos pies mis manos
han dejado
olvidadísimas violetas,
si antes que amanezca
mi voz junto al mar lejano
tendré las nubes necesarias
para ocultarme cuando
mi corazón lo ansíe.

Antes
que los acentos se sitúen como islas danzantes,
haz de mi cuerpo un cuerpo audífono,
enérgica suma de átomos
que se divida y subdivida para multiplicarse
en los ángulos de cada estrella náutica
que acompasa lo que acontece en la honda superficie del mar.

Y siento ya cómo surgen del horizonte de mi sangre,
las tierras de un viaje de mármol
en que los trigales adolescentes,
duran,
y en la reunión de los olivos
el viento se aceituna y se desprende
en un verde plateo de distancias agrícolas.

Una tarde, en 1929,
yo estaba en Delfos; que por tercera vez

el tiempo y el destino me llevaron a Grecia.
Florecían las ruinas en la primavera.

Yo soy un hombre de Tabasco
que ha visitado
los sepulcros andantes de la historia.
Preguntadme por el Tigris y el Éufrates,
y por el Nilo y el Usumacinta,
por el Ilisos y el Alfeo,
por el Tíber y el Arno y el Sena y el Arlanzón y el Rin.

Viajar es un tesoro de suspiros
y una copa vacía que ningún vino llena.
Mortalmente se llega, se sale mortalmente
y cuando el sol se ha puesto surge la luna llena.

Sobre el Brasil enorme corre el más grande río;
su lengua es ancha y muda; casi nada sabemos.
Sobre la Palestina corre el mínimo río;
su lengua es honda y clara: por él todo sabemos.

Nuestras vidas son los ríos;
nuestras muertes son el mar.
En los ríos nunca hay perlas.
Sólo en el mar.

Y siento que mi ánimo
por esta voz polífona escaló.
Yo estaba, una tarde, hace años, en Delfos.
Hay, a unos cuantos metros de la fuente Castalia,

una hendidura profunda, formada
por dos rocas elevadas.
Y yo,
que soy un árbol de caoba
que camina,
penetré con raíces y ramajes
y después ascendí por las rocas divinas.
¡Estaba ya en las rodillas
de las Fedríadas!
cuyos inmensos torsos acantilados
sostienen el gran pecho del Monte Parnaso.
Desde allí contemplé
los escenarios apolíneos,
el cielo griego y el mar griego.

Existe un cielo griego como existe un mar griego.
Un cielo en que la luz siempre está de perfil;
un cielo estatuario y desnudo.
Un cielo cenital, siempre recto y cantil.
La luz anda en los ojos con aire de saludo.

El mar en toda Grecia es un viejo marino
que entra hasta la cocina casi sin preguntar.
Esa tarde abundaba el Golfo de Corinto
y sentí en mis pulmones la potencia del mar.
Un gran soplo de viento me estremeció. Una nube
repentina y oscura, de pronto disparó.
Y el trueno despeñaba sus fragmentos de eco
y otro claro disparo la luz estremeció.
Y caía la lluvia
sobre las ruinas.

Sobre el templo de Apolo
y más arriba
sobre los semicírculos del teatro,
y más arriba
sobre las graderías del estadio
y más arriba
y sobre los roquedales fantásticos
de las Fedríadas.
Y abajo
sobre el camino sagrado
en cuyas rampas ondulantes
brillaban las ruinas
de los pequeños edificios
en que hace veinticinco siglos
se guardaban los donativos apolíneos.

Y yo miraba,
entre los desgarrones de la lluvia
el tesoro de los atenienses
con sus dos columnas dóricas
y los muros del tesoro de los reyes de Argos
y los del tesoro de Sicione
y el pórtico juvenil del tesoro de Sifnos,
la aurífera ínsula
y el tesoro de los espartanos.

Yo estaba adherido a las rocas
resonante de viento y de lluvia
como un árbol de caoba,
impávido y gozoso
y acantilando en mí una sagrada furia.

Nada quedaba ya del Golfo de Corinto.
Casi nada de las montañas y nada de las ruinas;
desapareció la fuente Castalia.
El mundo apolíneo era una gigantesca ruina.
Y yo desaparecí de mí mismo
y me descubrí más tarde en un pequeño bosque de encinas.
(La caoba, cuando llueve mucho,
huele profundamente a vida.)

Dame, oh musa,
la actitud estatuaria y pensativa.
Sin noticias de mis amigos de Atenas,
ni de los de las islas.
Teófilo Salikis era de Mitilene,
yo le conocí en Alejandría,
y en el Cairo, ante los sarcófagos de los faraones
sonreía...

Era un griego insular educado en Atenas
de la que hablábamos todos los días.
Yo le decía cosas que le agradaban,
por ejemplo, que en Atenas el otoño
es una primavera en ruinas.

Gracias, oh musa,
porque a mis labios has traído
la sed opaca y la brillante copa.
Algún día,
mi corazón giróvago y oboe
latirá junto a ti
en Maratón y en Salamís.

La Victoria se ha desatado las sandalias
y mira en un rincón sus alas.
¿Está derrotada?
Tú lo sabes bien, oh musa:
solamente descansa.

POEMA EN TIEMPO VEGETAL

A José Clemente Orozco

En este tiempo en que los árboles
tienen historia
y se acompañan espaciosos
a tiempo en luz,
a tiempo en sombra,
saqueo al aire los flautines
en que los pájaros devoran
la soledad húmeda y viva
de la raíz y la memoria.

Sonoramente en cuerpo y alma
siento el calor
con que de enérgicas prisiones,
la luz solar se liberó.
Y estoy cantando entre los árboles
y en el follaje de mi voz
pican los pájaros del viento
lentos rincones de sabor.

Entrar a un bosque cuando el día
todo llanura
con braserillos y alfileres
a piernas ricas desanuda,
es desnudar un tronco andante
y echarlo al agua a que se una

con materiales inasibles
de olvido imágenes fortuna.

Entrar a un bosque es adueñarse
de la opulencia
esa hoja que siempre cae
y que es, tal vez, una señal.
Y así en mi pecho empieza a alzarse
entre hojas secas vendaval.

Entrar a un bosque en que los árboles
tienen historia
y se acompañan espaciosos
a tiempo en luz, a tiempo en sombra,
vale como entrar a un huerto
tan lleno de frutos que todo es sombra
y en el que uno pasa sin tocar nada
porque la sed y el hambre habitan siempre nuestra boca.

¡Cuántas veces el joven Cuauhtémoc
vendrá a este bosque
a soñar con un pueblo saludable,
lleno de justicia y no pobre!
Y cuando se retira se estremece
todo el follaje como un pulmón enorme.
¡Hermosos y fuertes árboles!
Como estos árboles han de ser un día
en México, los hombres.

El hombre árbol sus palabras
ha extendido.

La tierra de marzo abre su entraña,
pronto recibirá la semilla. . .
El maíz erigirá su vara
y en su talle la mazorca feliz
multiplicará su fécula sacra.
Sitúala en el hecho preciso,
oh tierra que, desnuda, te vestirás con el agua.
Porque, como el maíz y como el árbol
se siembra y sonríe y sombrea,
también, la palabra.

CEDRO Y CAOBA

A Ramón Galguera Noverola

Cedro y caoba,
la tarde baja
de garza en garza
y ahonda al río,
ligeramente,
lo que se canta.

Cedro y caoba
viven pareja del paraíso
cuya manzana mi sangre moja.

Al pie del cedro,
húmedo aroma.
Por su paloma
torcaz y cielo, subió una rama
sonoramente dodecaedro.

Franjas tardías
queman el cielo de una caoba.
Aire jilguero, y entre sus brazos,
la tarde toma.

¡Ay tarde sola
que te desgajas
cedro y caoba!

Sin que se quiera,
vuela una garza,
con tal belleza,
que tal semeja que así volara
por vez primera.

Restira el cielo
mantas azules
para la garza que sigue el vuelo.

Tanto su tiempo la tarde extiende,
que en dos azules
uno despide y el otro vuelve.

Azul en sombra
lucero tiene.

Azul en luces
sus luces vence.

Hora del mundo
que el alma toma,
en soledades
cedro y caoba.

Cedro y caoba,
¡pareja sola!

En mi garganta,
collar recuerdos
junta sus perlas para cerrarla.

(Si hay una queja
no hay una lágrima.)

La tarde cae
ya entre un reguero
de estrella-tardes.

De alguna herida
se oye la sangre.

Tengo las manos sobre mi pecho.
Cruza una garza,
y el viento sale.

¿Salió de un cedro?
¿De una caoba?

Viento que rozas:
¿Por qué rosales llenos de espinas
pasaste ahora?
No aspirarte sería
talar el bosque-cedro y caoba.

Tálamo sólo
—caoba y cedro—.

Un rumor de silencio
brota del pecho.
Y un olor de caobas
bajo los cedros
abre noches fluviales
habitadas de luces y de luceros.

Tabasco, 1943

TALLE Y SABOR

A Joel Santiago

TALLE y sabor,
palmeras y tamarindos,
dénselo al río
talle y sabor; dánzalo, río,
líbalo.

Palmeras y tamarindos,
dicen las voces
anaranjadas del mediodía
que el sol madura.
Por mi garganta
verdelimones gotas adulan
sabor dorado que tiene estrías.
Es la saliva
del tamarindo que en lides ácidas
es amarilla.

Hay una sombra de tamarindos
adormecida.

El río escurre
su vidrio tibio
y en sus orillas de vidriería
varó el jacinto su balsa verde
jardín de ojeras

en que una gota de alcohol se quema
al fuego soplo del mediodía.
Una palmera:
acción al vértice
que impulse curvas a todos lados.

Lo vertical
girado en círculos que alcen columna,
y arcos y flechas
a cielo surjan.

Una palmera
suspende el ramo del mediodía
y lo hechicera.
Talle sin túnica,
cuello sonoro,
palma palmera.

Los palmerales junto a los ríos
en grupos firmes
su vida templan.

Una palmera
es un objeto sin nombre; algo
que el mediodía sostiene y llena.
¡Con cuánto acento
yo lo dijera
si yo pudiera!

Palmeras y tamarindos
viven al río
junto a jacintos.

Se redondea
la luz, y suda
la luz desnuda del mediodía.

Arde la esfera
frutal del trópico.

La banderola de un airecillo
promueve frotes
sobre la copa de un tamarindo.

El sol, al centro de cuanto vive,
se paraliza.

En un momento,
no queda nada.

Y en otro instante, todo reinicia,
y el tiempo brota por todas partes
en un tremendo trajín de vida.

Talle que cumple
goce perfecto:
tú eres, palmera,
paisaje esbelto.

Sabor de luces
baja a la tierra:
árbol entero
te saborea.

Algo en mi sangre
se dice dueño…

Palmeras y tamarindos:
aquí los traje, y aquí los tengo.

Tabasco, 1943

NOCHE EN EL AGUA

A Francisco Serrano Méndez

Noche en el agua.
Yo te lo dije,
noche en el agua.

Cuatro luceros
clavan el aire,
cuatro luceros.
Por cuatro cielos
la noche vale.

Tiempo y alhaja
se lleva el río,
noche en el agua.

Noche que lleva su enorme cielo;
por lo que tiembla sobre sus senos
brilla en el río
con la caída de algún lucero.

Cayó un lucero.

Toda la noche puse los codos
en barandales iluminados.

Cundió la brisa sus nomeolvides

y el dulce vaho
cimbrea el aire que el viento roba
como sustrae
los colibríes sin una mano.

Noche que sacas
las cuentas claras de tus estrellas
en los papeles que el río cala.
Por los sauzales
pasó la onda que sabe cifras
y se equivoca con las estrellas que surgen tarde.

Con qué mirada
busco a la noche que se me pierde
tras la cosecha
de las estrellas
y a espaldas negras brilla ocultada.

Noche en la orilla de mi presencia
que me diluyes en liquidámbar.

Tiempo que suelta
y luego enlaza.

El aire brilla tiempo y alhaja.

A los rincones de las luciérnagas
la noche baja.

Y hay una mano de rayos x

que entra en mis ojos y se los lleva
para ocultarles otra mirada.
Noche en el agua.

Yo te lo dije:
Noche en el agua.

Tabasco 1943

A JUVENTINO ROSAS

Para Rafael Barajas Castro

1º

Lo que vengo a decir, lucientes mis señoras
y bien menos gentiles señores, es la historia
de un vals.

Pueblo pequeño y allá por los ochentas.
Pueblo cuya intemperie dichosa dejó abierta
la puerta del ropero que en un ángulo guarda
unos cuantos papeles con olor de distancia.
Medio siglo circunda la flor de una pareja
que hoy parece más joven que entonces: Primavera
que en el agua de un vals lava el manto de vidrio
con que la noche cubre su desnudez rocío.
La brisa de los pueblos, paloma sin aleros,
se posa en un suspiro y anida en un recuerdo.
Este campo que ando, que canto y que desando,
ondea dulcemente atardecido. Al campo
desta historia, lo ciñe el arroyo pequeño
fiel en su correría que lame todo el pueblo
cual perro transparente al que le tiran todo.
Pero el arroyo sólo
se come los colores del cielo a todas horas.
Salió de aquellos cerros la tarde y aquí está,
pensando si se queda, pensando si se va.
¡Si pudiera quedarse! Ya detrás de los álamos

el aire se destruye con los últimos pájaros.
Llega un hombre que tiene su cuerpo de sonidos.
Es tan pobre, que toda su riqueza es de olvido.
Su olvido es una flor que entre un libro ha quedado.
(Yo no quiero explicar lo que así está explicado.)
Aquí, cerca al arroyo, una muchacha vive.
Tan linda, que colinda con todo lo que linde
si lo que linda es bello. Cuando sale a lavar
al arroyo, el arroyo al sentirse tocar
se relame en su espejo. Las arenas del fondo
suben a relucir su milésima en coro.
Cuando ella lava, el ritmo de sus brazos acerca
los sonidos, y suena todo lo que no suena.
Y un sonar ondulante hace ondular el campo;
y son ondas, son olas sonoras, son los sones
que al son de la esperanza hacen danzar los claros
corazones.
Mirad las invisibles abejas que al panal
confluyen: Son las notas, son las notas del vals
que sobre el pentagrama el músico puntea.

¡Todas, todas se quedan!
¡Oíd nacer el vals!

2º

Al comenzar el siglo xx —este siglo que parece derrumbarse mucho antes de terminar—, todo México bailó el maravilloso vals de Juventino Rosas.

¡Cuántos amores desatáronse para unirse bajo la fama de

este vals! Digámosle, por ejemplo, a quien gobierna nuestro corazón:

> Sobre las olas dese vals te digo
> la espuma del amor. Sobre las olas
> naufragan las espumas de las olas
> espumas de las olas que persigo.
> Eres el mar temprano, así, conmigo
> brisa que en mis palabras enarbolas,
> cielo que huyó con trigos y amapolas
> y se escondió en las lágrimas del higo.
> Aquí, los dos, las manos en las manos,
> sosteniendo los cielos que la gente
> no ve brillar, hundimos océanos
> temores.
> En ti soy agua movida
> que se espera a sí misma bajo el puente
> por salir claramente entristecida.

3º

El vals de Juventino Rosas se baila en todo el mundo. Hace unos años, en Viena, en un famoso café de María Hilfer Strasse, lo escuché tocar con rara perfección. Y ahora, a más de medio siglo de su creación en aquella inolvidable tarde campesina, lo tenemos envolviéndonos con tan irresistible gracia que:

> Decir por última vez
> —que siempre será primera—
> sabor de manzana y pera,

ola de elegante pez.
Agua de la desnudez
cuyo compás lento o vivo
siempre será persuasivo
en su acuática fluidez
de música redondez
y de sus pausas, cautivo.

NOCTURNO DEL MAR AMOR

Volver a decir: ¡el mar!
Volver a decir
lo que no puedo cantar
sin el corazón partir.

Lo que con sólo pensar
la dulce lengua salé
y al callar
cárcel de espumas sellé.

Noche de naves ancló
y en mi corazón caí.
Lo que desapareció,
ya está aquí.

Vivía un reflejo verde
que enrollaba el agua oscura.
Yo sé que el amor se pierde
junto a la noche más pura.

¡Ay de mi vida!
Puesta a lo largo del mar
sólo le queda mirar
un paisaje con herida.

Media noche fue en el cielo
que una nube fue a traer.
Pérdida de todo vuelo,
tiempo sangrado al correr.

En sombrías sonajeras
el agua su aire mojó
y oleajes desenrolló
ronca de angustias postreras.

Toda la noche a los cielos
mi corazón fui a llevar
por destruir un estelar
horario de desconsuelos.

Entre los dos viva muerte
secamente retoñó
y la luna la enyesó
con calmas de mala suerte.

¡Voces inútiles siempre!
Cuanto en el alma tajé
pudrió la noche septiembre
como quien rompe un quinqué.

Tu perfil en el espacio
pájaros sonidos daba
y el dolor de lo que acaba
puso el mar en tiempo lacio.

Toda la noche la cita
fue muriendo de amargura.
Llorar era una llanura
desde una tarde infinita.

Casi un año, y el puñal
intocable y solitario

gotea el aniversario
con silencioso caudal.

Bella columna sonora,
tu caída partió en dos
la gloria de un semidiós
retocada por la aurora.

Volver a decir: ¡el mar!
Volver a decir
lo que no puedo cantar
sin el corazón partir.

Junio trajo tu recuerdo,
sin querer.
Así gano lo que pierdo
moviendo mi oscurecer.

Junio y el mar tropical
descendido a oscuridades,
soledad de soledades
todo el olvido naval.

Abro el cielo y cuelgo estrellas.
Y aguas con luces remotas
esclarecen mis derrotas
moradas sobre sus huellas.

Puse en tus manos el mar
y del azul rebosante
todo un día declinante
quisiste desembarcar.

Pensar en ti será siempre
la dicha de haber vivido
cerca de ti, tan herido
una noche de septiembre.

Dije al mar: tu sangre es mía.
¡Cuánta amargura en el canto!
(Si fuera por lo que canto,
todo el mar me ceñiría.)

Surge una nube, y la nave
sobrenada; silenciosa,
se distribuye la rosa
de los vientos en que cabe.

¡Ay de mí, ay de la mar
que saló en el horizonte
la esperanza de algún monte
donde lo azul encontrar!

Porque lo azul de la mar
es la distancia del cielo,
la entonación de un pañuelo
que se ha dejado llorar.

Y lo azul en lejanía
monte montaña será
soledad de poesía,
donde la noche vendría
sin sombra de lo que está.

Digo —y aquí me despido—,
con sonoridad ligera,
que esta voz que nunca cuido
—nomeolvides, no me olvido—
cruce cada primavera
siempre fiel a lo que ha sido.

Con sonoridad ligera,
siempre fiel a lo que ha sido.

ODA NOCTURNA A JUSTO SIERRA

Entre la noche del Valle de México
—un espejo en el aire abandonado—,
se escucha el mar.
Despojada del tiempo, desde un árbol barítono,
hay una voz de gran hablar.
Vino del agua pléyade hasta la tierra altura;
coral y estrellas, llegó del mar.
En el mar de Kimpech, mi adolescencia, un día,
supo flotar y atardecer.
Y la luz que escamó tantas aguas vivientes
era una luz morena de mujer.
Esas tierras marítimas
me dieron de comer y de beber.
La hermosa noche,
tiene un hondo barítono en el aire.
Desde la voz clarea
la brisa transparente de aquel mar
y en la mirada honda de una remota frente
sigo escuchando el mar.

En esta hermosa noche de montañas
siento una voz rotunda gravitar.
Despojada del tiempo esa voz incorpora
—así las perlas de un alto collar—
el ansia más esférica que al cielo da la aurora,
en una flor para vivir y en un arder para cantar.
Tan honda voz
vino del mar.

En esta noche montañosa ahondo
el suelo de la Patria revivido
desde esa voz cuyas semillas pueblan
las generosas manos con que empieza el estío.

Y me pongo a escuchar
aquella voz bronceada a fuego
que llegó del mar.

¿A qué bondad el corazón ceñía
tanta sangre de bien?
En esta noche de montañas siento
la mirada escondida de la fe.
Pájaros escolares duermen; pero en el sueño
oyen la voz que siembra y el aire de su pie
que fue de vasos griegos e itálicas tribunas
rumbo a la flor de Francia y la divina Italia y el viaje
    portugués.

Ocios e itinerarios.
La suntuosa belleza de los mayas.
Muerto Nezahualcóyotl, en trono funerario
brilla como la noche primaveral en el agua.
El pie de aquella voz transita lejos.
Y cuando vuelve, pálida, del mundo,
tiene el rumor que acaudaló un imperio
acaecido en la gloria de un crepúsculo.

En la tarde naval teatros de cielo
desde la orilla de Kimpech anulan
todo el pasado de la luz y en vuelo
paraísos los ojos acumulan.

En esta noche con montañas
oigo llegar
una voz que espirales redondea
porque viene del mar.

Entrar en esa voz es escuchar los frutos
de la vida crecer.
A la puerta de sus sonidos
hay un hombre desnudo y una húmeda sombra de mujer.

Venid de todas las lluvias
a buscar el prudente humedecer
para todos los paisajes. Venid con el sepulcro de la sombra
a escuchar y resplandecer.
Yo que escuché cuando niño
el timbre campanario de su bondad
lleno esta noche del valle de Anáhuac
reconstruyéndola como una torre sobre colinas y junto al mar.

Cuando echamos la red de nuestro oído
al fondo de esa voz,
se suele recordar el olvido
de angustia colocada más allá del sol.

Y entonces la frente cae sobre las manos
como la luz en el horizonte.
Y así sabemos sin mirar el cielo
que ha comenzado en secreto, la noche.

Y aquí empiezo a callar para decirte,
claro pastor de pública grandeza,

44

que enciendas fuegos fértiles sobre las almas vírgenes;
que a buena luz playera
se tiende la Nación para volver a oírte,
ciega de fe la sombra iluminada,
la alegre voluntad llena de espigas llenas,
contra la tempestad que al alma de más alma
y entre sus ruidos, pausas agredidas,
los alarmantes gérmenes de la energía agrandan.
Oigo tu voz en medio de la altura
que hace la catedral de tus palabras.

Despojada del tiempo,
esa voz augusta siempre hablará.
Vino del agua pléyade hasta la tierra altura.
Honda y brillante. Coral y estrellas. Vino del mar.
¡Y ha vuelto al mar!

SONETO

Junio, voz de la luz, mitad sonora,
negra entraña terrestre en surco abierta,
eres la desnudez sangrante y cierta,
palomar de mi voz descubridora.

Súmala a tu perfil, hora por hora,
vívela en tu pasión de nube abierta,
cántala en árbol de fragancia injerta,
róbala el día que la noche ignora.

Si en mi brazo alisté la fuerza alegre
de torcer una rama por ver cielo,
tírame el dardo que tu azar integre.

Abro todo mi pecho a tu diamante
y a ti me lanzo devorando el vuelo
de tu anchura perdido en un instante.

SONETO

A un amigo, enviándole un ejemplar de
Visión de Anáhuac, *de Alfonso Reyes.*

Mírala aquí —ciudad y poesía—,
flor tan viva que en sangre se derrama.
Una mano perfecta le da fama,
música historia de su biografía.

Su ejercicio final de primacía
—quetzal atardecido en una rama—
brilla entre los metales de ese drama
que angustia en oro su mortal valía.

Oro sangró la tierra mexicana
junto al maíz de sus felicidades.
¿Oyes en mis arterias la mañana?

Ven a escuchar entre mis soledades
la caída de un vaso de obsidiana
sobre un muerto collar contado en jades.

SONETO

Iniciación del monumento a
Bolívar en México

PIEDRA que va a crecer, primera y clara,
el peso de su sangre está en mis venas,
hay un trueno en la entraña en que te llenas
y un silencio arenal que en ti cuajara.

¡Cuánta fuerza en tus hombros se prepara!
¡Qué poderosa plenitud ya ordenas!
Te oigo toda en mi ser, piedra que suenas
como el cielo ante el sol que se declara.

A las piedras de América les grito:
pesen su fuerza junto al infinito;
¡súmenla en pedestal que el cielo aguante!

Y oigo en el Continente un trueno claro
que por la luz parece de diamante
y por la soledad, de inmenso faro.

SONETO

Al poeta Hernández Campos

JORGE, sobre las rocas de Tepoztlán, divinas,
sopla un viento geológico que nuestra sangre lleva.
Una ciudad de rocas en terror se subleva
y esa altura mortal se coronó de encinas.

Ladean las coníferas las trampas aquilinas
donde a las nubes núbiles la luz caricia lleva,
y una flor abismal el miedo azul renueva
cuando entre cielo y tierra sus pétalos culmina.

Mire el poeta y cruja, y al viento de la nada
oponga la clarísima verdad de su mirada.
El tumultuoso cuerpo torció nueva raíz.

Su cosecha de pájaros levantó la mañana.
Y abajo, por las calles de la honradez aldeana,
se oyó hablar entre dientes la diosa del maíz.

SONETO

Labró Junio otra vez en carne viva
el campo del amor, y los terrones
su olor a entraña y húmedos talones
dieron al aire en que el amor cultiva.

Y el surco al horizonte se deriva
lleno de trinos y resurrecciones.
La mañana en las nubes, a jirones
se desnudó desnuda y persuasiva.

Los gérmenes moviéndose en el fondo
hacen crujir el campo grande y hondo.
¿Qué surgirá? Y el poderoso día

pinta de Junio su asombrada boca
que rodeará la esbelta melodía
del vivo campo que el amor retoca.

NO QUERER

Yo estoy en tu pensamiento
mientras todo tu ser tiembla en mí.
Eres una ventana de luceros
que yo no quiero abrir.

Cuando la desnudez de tu hermosura
se baña junto a mí,
eres la sed translúcida
que no quisiera abolir.

¿Si yo habitara tu cuerpo,
viviría en tu alma?
¡Qué noche, suspendida de un jardín!

Tú eres la primera tristeza deliciosa
que no quiero sentir.

3 de noviembre de 1946

MADRIGAL DE JUNIO

Sɪ yo te fuera olvidando
todo el amor te daría;
escúchalo y no lo entiendas:
llévelo la poesía:
si yo te fuera olvidando
todo el amor te daría.

El valle en Junio señala
nuevas orillas.

Vamos a ellas robándolas,
míralas.

Orillas del mes de Junio
que en una estatua se aíslan;
la lluvia después le deja
cadáveres de caricias.

Junio te lleva y te trae
con idéntica delicia.
Pensando en ti, se me va,
de Junio a Junio, la vida.

LUCIDA ASÍ...

A Mario Alonso

En mitad de la noche habito el tiempo
y me pregunto, ¿dónde?
¿espacio?, ¿sueño?
Oigo correr mi sangre en el relámpago
tórrido de mi cuerpo
y vivo sin morir un solo instante:
ayer, hoy y mañana a cielo intenso,
la sorpresa en el viento y en el mármol
no esclavo ni dueño,
el ritmo increado,

e s o,

que puede ser la gota de rocío
que hace caer un pétalo
en la remota isla a que desciendo
tan surgida de lirios y ceñida a celajes
que al levantar la mano sobre el cielo
tropiezo el cuadro y se trastorna el fondo
lleno de objetos sin objeto,
y entreabriendo la noche un repentino
lucir de lúcidos luceros.

SEPTIEMBRE

El mediodía de septiembre
sus hondos árboles hojea;
en rumoroso y alto libro
su aliento el aire suspendió.
Es una hoja desasida
que una invisible mano herida
de lo más cielo desprendió.

Águila joven, sobre rocas
tiene las crías y ha empollado
entre huracanes y tormentas
que el cielo fueron a sangrar.
Cruje la roca en su soporte
porque unas águilas del norte
traen miseria en su volar.

Rodea la roca un nudo de árboles
en que la sombra colectiva
deshabitó lo que fue aroma
y de la muerte va a vivir.
El bosque antiguo se reúne.
De todo mal siempre está inmune.
Goce o pavor tiende a infundir.

A complacerme con su cuerpo
recio de gloria solitaria
donde vilezas y traiciones

no lo han podido entorpecer,
llego y le pongo la mirada
con ansiedades del que horada
oro y zafir de amanecer.

De aquella hora de atropello
y de domésticas ruindades,
él es el ancho tiempo breve
en que se rompe el corazón
para tender un vitalicio
puente de gloria y sacrificio
que dio al abismo salvación.

La joven águila sacude
de sombras malas su plumaje
y mira al valle-cementerio
en que la tumba es un volcán.
Bajo las alas sus criaturas
sienten las álgidas premuras
de los que el sol alcanzarán.

En Nayarit y en otros cielos
la luz, de luz, hizo más luz.
Y al levantar vuelo en diamante
águila y crías aclaró
de la miseria y de la ruina
las oquedades, y una encina
llena de cantos levantó.

Seis aguilillas vida dieron
al bosque herido. Las esbeltas

sombras hendieron el follaje
bravas en látigo viril.
Y fue una muerte poderosa
lo que a la espina dio la rosa
en una mano juvenil.

Adolescentes misteriosos
que dieron sangre al alto cáliz
y entre las hojas de septiembre
llevan camino de laurel,
México tiene por vosotros
el ritmo fuerte de unos potros
bajo el dominio de un doncel.

Y en esa mano de seis dedos
un rayo joven nos vigila.
¿Tendrá el Destino que soltarlo,
sobre los valles, junto al mar?
Dos veces ya septiembre suena
en esta mágica faena
de hacer la patria y de cantar.

Chapultepec, septiembre de 1947

FECUNDA ELEGÍA

A Eduardo Ubaldo Genta

ENTRE el rumor de América,
en el cenit de sus voces gigantes,
cerca de Bolívar,
cerca de Sucre,
cerca de Morelos,
junto al cielo a galope de Martí,
hay un hombre a caballo, tragado por la selva.

Vivió diez años en medio de su pueblo;
murió treinta años a causa de su pueblo.
Ya es una estatua con luz propia.
¿Su dolor es más grande que su gloria?
Hoy he salido a los cielos de América
en busca de alimento,
y he recibido el hambriento pan de las palabras mejores
y un hondamente sólido vaso de silencio.
Es la historia de alguien que dejó el hambre de la buena casa
por el banquete de la miseria del pueblo.
Decir su nombre es promover la aurora
entre envidia y traición, de tal manera,
que aquel buen sol ennegreció tan pronto
que nadie caminó sin que cayera.

Que el ángel del dolor descubra un lado
de su rostro y que vea
que aquel rayo del Sur llega hasta el Norte

cruzando el cuerpo herido de su América.
Nada quiebra tanto la voz humana,
como recordar el silencio y la soledad
largamente finales de este hombre.

Treinta veces la selva
se llenó de hojas secas;
treinta veces Artigas
hizo callar a la primavera.
Fue una tormenta de agresiones íntimas,
allá, en la atmósfera delgada de la conciencia;
fue sepultada en carne viva
viviendo oscuramente abierta;
fue silencio de la puerta a media noche,
cuando quizá ya todos han entrado,
o cuando tal vez ya todos han salido.
Nada tanto nos hiere
como la soledad del héroe.
Su patria
es la soledad poblada de imágenes:
la angustia por que todo lo bueno, sea.
Cuando los pueblos no padezcan hambre,
el único heroísmo será el de los poetas.

Hoy he salido a los bosques de América
en busca de alimento.
Sólo el árbol en cruz de cada héroe
me dio el amargo fruto de su sombra.
Pero ésta es la sal tónica,
es el sabor enérgico que arrecia
la sangre espiritual, es lo que en esta hora

todavía nos sustenta.
Fruto de esa amargura
tendrá que dar al hemisferio manzanas suculentas.
Fruto de ese silencio
dará la voz que llene a nuestra América,
cuando la voz Bolívar rompa entre nuestros pueblos
la piedra del egoísmo y surja para todos la primavera.
Cuando a un hombre le sigue un pueblo entero,
es porque el corazón en las manos lleva.
Un día, detrás de Artigas,
salió, dejándolo todo, la ciudad de Montevideo.

Jerusalén será siempre la ciudad más triste.
El llanto de Nuestro Señor
sigue humedeciendo toda la tierra.

¡El cielo y la tierra pasarán
—escuchad y creed—,
pero sus palabras no pasarán!

Después de su desastre,
el general José Gervasio Artigas,
se fue a vivir pobre, entre los pobres, límpida vida campesina.

El sembrador sembró la aurora;
su brazo abarcaba el mar.
En su mirada las montañas,
podían entrar.

La tierra pautada de surcos
oía los granos caer.

De aquel ritmo sencillo y profundo,
melódicamente los árboles pusieron su danza a mecer.

Sembrador silencioso:
el sol ha crecido por tus mágicas manos,
el campo ha escogido otro tono
y el cielo ha volado más alto.

Sembraba la tierra.
Su paso era bello, ni corto ni largo.
En sus ojos cabían los montes
y todo el paisaje en sus brazos.

Una selva de América
cuidó treinta años el silencio heroico
que le dio al Uruguay la voz que hoy tiene.
Se mira el campo hermoso.

La condición humana con menos sangre vierte
allá su ansia de ser humana. El gran río fraterno
es el hondo navío que tripulan países.
Arriba, el Amazonas y el Orinoco, llevan,
igual que el Paraná, la consigna dinámica de unión.

Ya las estatuas grandes el Continente pueblan.
Hay un rumor de sangre nueva en el corazón
de mi América.

Entre el rumor de América,
la gloria y el silencio de un hombre nos congrega.

Junio de 1947

ROMANCE DE FIERRO MALO

A Frida Kahlo Rivera

Mientras la aurora frasea
pájaras voces
y se restituye al cielo
su abrir y cerrar de torres,
vívidas caballerías
y nublados indios corren
a un tiempo y en un espacio
que va del verde más joven
a las rozaduras rojas
de tierra y al azul monte.

Abrió el siglo XVI
como sandía la América
y por comérsela viva
y en una llaga bebérsela
saltó en sonajas de viaje
desde el mar hasta la selva.
Los tropeles europeos
descerrajaron la puerta
y a puntapiés se escuchaban
los gritos de una Edad Nueva.

De toda la sed del hombre
ninguna es tan seca y lúcida
como la sed que da el oro

—sol en paisajes de dunas—
y en ceñuda persistencia
perfora lo que no escruta
y entre los labios encierra
una verdad con su duda.
De toda la sed del hombre
y como esta sed, ninguna.

Ginés Vázquez de Mercado
—sed en oros que abren boca—
piensa a caballo y no duerme
y lo que sueña amontona.
Retoña en él la Conquista.
Don Antonio de Mendoza,
buen Virrey pero Virrey,
diole licencias ahora.
Atardecía en Xalisco
y él ya alcanzaba la aurora.

¿Por qué abandona Xalisco
Ginés Vázquez de Mercado?
Un indio, calladamente,
le dijo que caminando
hacia donde el viento enfría
y endurece el agua en claro,
hay un cerro todo de oro
donde con la sola mano
los tejos se resquebrajan
sonoramente contados.

El español se abrillanta
como quien escucha un pájaro

en la mañana primera
del convalecer más lánguido,
y una voluntad de oro
sonó en su cuerpo metálico
al reajustar sus arreos
y al brincar a su caballo
a cuyos cascos el aire
les daba visos dorados.

Palabrerío español
fue atrasando la llanura.
El silencio de los indios
fue precisando esculturas.
Los europeos aclaran
caminos bajo la lluvia.
Los indios hablan de noche
como quien come una yuca;
los españoles de día
como quien habla y escucha.

El horizonte los días
fue llenando con montañas
y en la cumbre de una de ellas
el indio que los llevara,
señalando otro horizonte,
erguido de nubes blancas,
le dijo al jefe español
que aquel cerro que buscaban,
cierto, no era un cerro de oro,
sino era un cerro de plata.

Esa tarde ardieron broncos
todos los soles del sol.
Gimió la tarde azotada
en pilares de calor.
Los árboles retorcieron
la ropa de su color
y una desnudez ardiente
brotada de sensación
alió a orígenes lejanos
una lúgubre canción.

Aquella noche en el viaje
se oyó hablar al español.
El indio encerró en su boca
la amarga miel de su voz.
Fue esa noche luna llena
que una nube destapó.
Y un sonar de platería
todo en los brillos sonó.
El español fue callando;
el indio, entonces, habló.

Días después, a la entrada
de un valle de luz extensa,
de extendida luz, tan ancha,
en que si la luz pudiera
ponerle luz a la luz
y a esa luz más luz le diera,
sudando luces de plata
(quien no quiera creer no crea),

el guía señala un cerro
en mitad de una pradera.

Ginés Vázquez de Mercado,
plata en plata fue sintiendo.
¡Dueño de un cerro de plata
y estando el Virrey tan lejos!
Tuvo la lengua plateada
y era su caballo nuevo,
peras de plata comió
y pesó en el aire un reino
en que lo que brille y suene,
por la plata ha de ser bueno.

Al pie del cerro los indios
quedaron el Valle viendo.
Ascendió el grupo español.
El sol estaba en el cielo.
Examinaron las rocas,
le dieron la vuelta al cerro,
y alguien despeñó su cólera
arrojando voz y restos:
Oro y plata fue mentira;
aquí la verdad es fierro.

Los españoles crujieron
metálicamente. Abajo
se vio al grupo de los indios
que estaba el Valle mirando.
Con voces ferruginosas
los españoles gritaron.

Se vio al grupo de los indios
que estaba el cielo mirando.
Las espadas europeas
las luces amenazaron.
Se vio al grupo de los indios
que estaba el cerro mirando...

Ginés Vázquez de Mercado,
¡qué viaje de tantas tierras!
Ídolos de sol bañaron
de sudor a las esferas
de los cielos en que el aire
fue repitiendo la enérgica
soledad de tu ambición
de tanto oro y plata hecha.
Largo sol. Siembra de bólidos.
Los cactus entre las piedras.

¡Qué lejos está Xalisco
y más lejos aún, México!
El día daba sus víveres;
la noche sus vastos sueños.
Si en algunos mediodías
paró tu caballo el tiempo,
una que otra tarde fue
casi la aurora y tu dueño.
Don Antonio de Mendoza
te va a castigar en México.

Un collar de plata y oro
tiene el indio que los guiara,

y todos una sonrisa
y todos una callada
postura en que todos queman
en el corazón palabras
llenas de tes y de eles
y de sonidos que saltan
como quien suelta un collar
de cuentas de oro y de plata.

Señor, si el cerro es de fierro,
¡antes era de oro y plata!
Yo con mis manos lo vi
antes de que me casara,
dijo el guía. Yo llevé
plata pura hasta mi casa.
Oro y plata yo les tengo,
te lo digo en mi palabra.
Cuando anocheció, un lucero
buscó sombra en la montaña.

La ambición y la tristeza
viven juntas, duermen juntas.
El capitán español
murió después de otra luna.
Dicen que murió de heridas
en el camino que muda
las sierras del aire frío
al sudor de la llanura.
El capitán español,
murió de rabia y de duda.

De toda la sed del hombre,
ninguna es tan seca y lúcida
como la sed que da el oro,
sol en paisajes de dunas.

El corazón me pedía
un romance, y aquí está.
Su sangre sonó en Durango
y también por Yucatán.
No lloro pero me acuerdo.
¡Uxmal y Teotihuacán!
No lloro pero me acuerdo.

¡Ay Señor, lo que vendrá!
¡Por suspirarle a la vida
uno qué cosas no hará...!
Soltar la voz mientras llueve,
una tarde.
        Y nada más.

NOCTURNO A MI MADRE

Hace un momento
mi madre y yo dejamos de rezar.
Entré en mi alcoba y abrí la ventana.
La noche se movió profundamente llena de soledad.
El cielo cae sobre el jardín oscuro.
Y el viento busca entre los árboles
la estrella escondida de la oscuridad.
Huele la noche a ventanas abiertas,
y todo cerca de mí tiene ganas de hablar.
Nunca he estado más cerca de mí que esta noche:
Las islas de mis ausencias me han sacado del fondo del mar.
Hace un momento,
mi madre y yo dejamos de rezar.
Rezar con mi madre ha sido siempre
mi más perfecta felicidad.
Cuando ella dice la oración Magnífica,
verdaderamente glorifica mi alma al Señor y mi espíritu se
    llena de gozo para siempre jamás.

Mi madre se llama Deifilia,
que quiere decir hija de Dios, flor de toda verdad.
Estoy pensando en ella con tal fuerza
que siento el oleaje de su sangre en mi sangre
y en mis ojos su luminosidad.
Mi madre es alegre y adora el campo y la lluvia,
y el complicado orden de la ciudad.
Tiene el cabello blanco, y la gracia con que camina
dice de su salud y de su agilidad.

Pero nada, nada es para mí tan hermoso
como acompañarla a rezar.
Todos los días, al responderle las letanías de la Virgen
—Torre de Marfil, Estrella Matinal—,
siento en mí que la suprema poesía
es la voz de mi madre delante del altar.
Hace un momento la oí que abrió su ropero,
hace un momento la oí caminar.
Cuando me enseñó a leer me enseñó también a decir versos,
y por ese tiempo me llevó por primera vez al mar.

Cuando la pobreza se ha quedado a vivir en nuestra casa,
mi madre le ha hecho honores de princesa real.
Doña Deifilia Cámara de Pellicer
es tan ingeniosa y enérgica y alegre como la tierra tropical.
Oigo que mi madre ha salido de su alcoba.
El silencio es tan claro que parece retoñar.
Es un gajo de sombra a cielo abierto,
es una ventana acabada de cerrar.
Bajo la noche la vida crece invisiblemente.
Crece mi corazón como un pez en el mar.

Crece en la oscuridad y fosforece
y sube en el día entre los arrecifes de coral.
Corazón entre náufrago y pirata
que se salva y devuelve lo robado a su lugar.
La noche ahonda su ondulación serena
como la mano que en el agua va la esperanza a colocar.
Hermosa noche. Hermosa noche
en que dichosamente he olvidado callar.
Sobre la superficie de la noche
rayé con el diamante de mi voz inicial.

70

Mi voz se queda sola entre la noche
ahora que mi madre ha apagado su alcoba.
Yo vigilo su sueño y acomodo sus nubes
y escondo entre mi angustia lo que en mi pecho llora.

Mi voz se queda sola entre la noche
para decirte, oh madre, sin decirlo,
cómo mi corazón disminuirá su toque
cuando tu sueño sea menos tuyo y más mío.

Mi voz se queda sola entre la noche
para escucharme lleno de alegría
callar porque ella no despierte,
vivir sólo por ella y para ella,
detenerme en la puerta de su alcoba
sintiendo cómo salen de su sueño
las tristezas ocultas,
lo que imagino que por mí entristece
su corazón y el sueño de su sueño.

El ángel alto de la media noche
llega.
Va repartiendo párpados caídos
y cerrando ventanas
y reuniendo las cosas más lejanas,
y olvidando el olvido.
Poniendo el pan y el agua en la invisible mesa
del olvidado sueño.
Disponiendo el encanto
del tiempo enriquecido sin el tiempo;
el tiempo sin el tiempo que es el sueño,

la lenta espuma esfera
del vasto color sueño;
la cantidad del canto adormecido
en un eco.
El ángel de la noche también sueña.
¡Sólo yo, madre mía, no duermo sin tu sueño!

TEMPESTAD Y CALMA EN HONOR DE MORELOS

A José Clemente Orozco

1º

Imaginad:
una espada
en medio de un jardín.

Eso es Morelos

Imaginad:
una pedrada
sobre la alfombra de una triste fiesta.

Eso es Morelos

Imaginad:
una llamarada
en almacén logrado por avaricia y robo.

Eso es Morelos

Ya tengo las imágenes pero no las palabras.
Pero hay aceros, y piedras, y llamas.
Porque nada hay más hondamente hermoso
para el humano oído, que la palabra.
Si las palabras vinieran para decir: Morelos,
vendrían ocultas en esos nubarrones de piedra
que a unos cuantos kilómetros nos miran:

La tempestad de rocas de Tepoztlán, vecina,
el huracán de piedra de Tepoztlán, que avanza,
esas gargantas que vociferan árboles,
esos peldaños a pájaros y lluvias
cuando pasa la noche de resonantes piedras
y el sol sacude el sueño de la luz, allá arriba.

Aún hay aceros. Y piedras. Y llamas.
Ésta es la hora de las palabras
terriblemente cristianas.
Las que hieren, las que arden, las que aplastan.
¡Ah! ¡Si yo pudiera arrojar mi corazón
y provocar una grieta en la montaña!
¡Hablar en piedra y escribir en llamas!
La espada silenciosa que abrió el cerrado pecho:
ni un corazón que surja: todo estaba desierto.
La zumbadora piedra que el cuerpo ha derrumbado:
era sólo una cáscara y polvo dentro de ella.
El siempre fuego que a la ciudad ardió:
halló sólo papeles, y el humo, no duró...
Éstas son las palabras terriblemente buenas,
palabras vivas, hechas de llamas sobre las piedras.

Grité ¡Morelos!, hace quince años desde las rocas de
    Tepoztlán.
¡Olor a Cuautla! Y entre palmeras hechas laureles
salté al abismo del heroísmo; grité ¡Morelos!
Y vi la tierra abajo desde el verde al azul.
Y unas botas sin ruido lo estremecieron todo
y sudaba una frente su pañuelo de luz.
Grité ¡Morelos!, hace quince años en Acapulco.

Y clamoroso mar me atropelló.
Una raya de verde movida en cuatro azules
espiral rumor blanco dentro de ella enrolló.
Y un trueno hizo caer el roble de los vientos.
Y oí en mí mismo cuando mi pecho gritó ¡Morelos!
Y a un alto en mis arterias fue mi sangre a parar.
Bajar del monte, querer el mar.
Vivir con pocas palabras;
pero en cada palabra tener una tempestad.
Ah, si yo pudiera haberlas dicho,
acero, piedra, llama.
Gritar Morelos y sentir la flama.
Gritar Morelos y lanzar la piedra.
Gritar Morelos y escalofriar la espada.
Tu fuiste una espada de Cristo,
que alguna vez, tal vez, tocó el demonio.
Gloria a ti por la tierra repartida.
Perdón a tu crueldad de mármol negro.
Gloria a ti porque hablaste tu voz diciendo América.
Perdón a tu flaqueza en el martirio.
Gloria a ti al igualar indios, negros y blancos.
Gloria a ti, mexicano y hombre continental.
Gloria a ti que empobreciste a los ricos
y te hiciste comer de los humildes,
procurador de Cristo en el Magníficat.
Gritar Morelos
es escuchar la Gloria y sentir el perdón.

2º

Un muchacho, de pie, que ha trabajado
de sol a sol, reclina su costado

contra un árbol tan grande que parece
que el cielo abarca y que la tierra crece
en su horizonte azul, tras otro azul nublado.

Masca las hojas tiernas de un retoño
que arrancó sin querer. Cielo de otoño
nubes enormes pinta y abandona.
Un aire de esplendor y de corona,
alrededor del campo.
¿Qué mira que no ve? La luz enciende
dos luces en sus pies, y lo suspende.
Con los ojos clavados, sangró su pensamiento.
El campo agranda la quietud del viento
que a flor de soledad silencio tiende.

De cuando en vez levántasele el pecho
y aun el cercano techo
ligeramente se conturba. Sube
ya en la última nube
ese rumor de corazón maltrecho.
Un suspiro en la tarde siempre aclara
ese otro atardecer que nos separa.

Habla y no se le escucha,
cual si moviera labios de muy lejos.
Inmóvil, y así se ve que lucha
tal una sombra herida por espejos.

Por entre la camisa
blanquea su persona.
Y es negra por exacta su sonrisa

cuando la luz declárase campeona
como en plena mitad cáliz de misa.
La luz, que sombras lentas ocasiona,
cuelga los papelitos de la brisa
y así el final de su presencia acciona.

¿Qué mira que no ve joven campestre?
Tiene la cicatriz de un día ecuestre:
una bestia y un árbol. Algún día
la yegua enrojecida del combate
sentirá su talón, y su acicate
poderoso, será fuerza que guía.

Bajo un árbol inmenso
crece un varón. Después olerá a incienso,
luego a pólvora. De pronto en una estrella
brilla la voz de Dios. Y en el intenso
anochecer, palabras que maduran huella
salen del joven criollo con silencioso ascenso.
La tarde se abrió el pecho y le acercó su estrella.

Cuernavaca, 9 de mayo de 1946

CUATRO CANTOS EN MI TIERRA

A Noé de la Flor Casanova

I

TABASCO en sangre madura
y en mí su poder sangró.
Agua y tierra el sol se jura;
y en nubarrón de espesura
la joven tierra surgió.

Tus hidrógenos caminos
a toda voz transité
y en tu oxígeno silbé
mis pulmones campesinos.

A puños sembré mi vida
de tu fuerza vendaval
que azúcar cañaveral
espolvorea en la huida.

El tiempo total verdea
y el espacio quema y brilla.
El agua mete la quilla
y de monte a mar sondea.

Pedacería de espejo.
La selva, encerrada, ulula.
Casi por cada reflejo
pájaro que se modula.

Más agua que tierra. Aguaje
para prolongar la sed.
La tierra vive a merced
del agua que suba o baje.

Cuando la selva repasa
su abecedario animal
relámpago vertebral
de caoba a cedro pasa.

Flota de isletas fluviales
varó en flor la soledad.
Son de todo eternidad
y de nada temporales.

El mediodía tajado
de algún fruto tropical
tiene un sabor de cristal
sonoramente mojado.

Hay en la noche un instante
de vida, que si durara,
húmeda la muerte alzara
cual un terrible diamante.

Y a veces en la ribera
es tan fina la mañana
que la sonrisa primera
todo el día nos hermana.

Tiempo de Tabasco; en hondo
suspiro te gozo así.

Contigo, cerca de mí
tiempo de morir escondo.

Arde en Tabasco la vida
de tal suerte, que la muerte
vive por morir hendida,
de un gran hachazo de vida
que da, sin querer, la suerte.

II

La ceiba es un árbol gris
de gigantesca figura.
Se ve su musculatura
medio manchada de gis.

Es el árbol que hace todo;
yo lo he visto trabajar
y en la tarde modelar
sus pajaritos de lodo.

Ceiba desnuda y campal
cuya fuerza liberó
bosque y cielo y estrenó
su claro de matorral.

En desnudo pugilato
parece que así despejas
el campo y que le aconsejas
a todo árbol buen recato.

Navegando por el río,
súbitamente apareces.

Te he visto así, tantas veces,
y el asombro es siempre mío.

Cuando en el atardecer
todo Tabasco decrece
y el aire en los cielos mece
lo que ya no pudo ser,
con qué bárbara grandeza
das la razón al paisaje
que con oscura certeza
se adueñó de algún celaje
con que así la noche empieza.

Ceiba te dije y te digo:
colgaré mi corazón
de un retoño de tu abrigo;
tendrá su sangre contigo
altura y vegetación.

III

Una laguna que llega
y una laguna que va.
Si la luz de frente anega
o la luz de lado da,
el jacintal que congrega
su poesía despliega
que en mi voz cintilará.

Hay más laguna que luna
en la noche que es tan clara.
Semeja que el cielo usara
luz modal de la laguna.

Hay más laguna que luna.
Tiempo lagunar que cabe
para siempre en nuestra vida.
Que no se cierre la herida
que por su boca se sabe
la llegada y la partida.

Estábamos la laguna
y yo.
Como esa noche. . .
Con más laguna que luna
la noche se desnudó.

Sudor de intemperie humana
que el aire sutil saló
y en su humedad levantó
flor lujuria rusticana.

Tu adolescencia suspira
junto a mi pecho velludo.
El tiempo es tiempo desnudo
y su largo cuerpo estira.

Si por besarte viví
con más laguna que luna
fue más luna que bebí
que el agua de la laguna
que a raya en cielos tendí.

Como esa noche. . .

El agua es laguna o río.
Un espejo se quebró.
Por todos lados miró
la desnudez del estío.

Con el agua a la rodilla
vive Tabasco. Así clama
de abril a octubre la flama
que hace callar toda arcilla.

Si por boca de la selva
largó la verdad su grito,
miente el silencio infinito
del agua que el agua envuelva.

Llueve lejos, por la sierra.
Llueve a tambor y clarín.
Toro del agua, festín
corre por toda la tierra.

Joven terrón cuaternario,
por tu cuerpo de aluvión
sangra el verde corazón
de tu enorme pecho agrario.

Lo que muere y lo que vive
junto al agua vive y muere.
Si en lluvia el cielo así quiere
moje su noche en aljibe.

Más agua que tierra. Aguaje
para prolongar la sed.
La tierra vive a merced
del agua que suba o baje.

Brillan los laguneríos
en la tarde tropical
actitud de garza real
toma el aire de los ríos.

La noche en lluvia y batracio
retiñe el nocturno verde
y al otro día se muerde
verde el verde del espacio.

Agua de Tabasco vengo
y agua de Tabasco voy.
De agua hermosa es mi abolengo;
y es por eso que aquí estoy
dichoso con lo que tengo.

Villahermosa, Tabasco, 1943

EL CANTO DEL USUMACINTA

Al Doctor Atl

DE aquel hondo tumulto de rocas primitivas,
abriéndose paso entre sombras incendiadas,
arrancándose harapos de los gritos de nadie,
huyendo de los altos desórdenes de abajo,
con el cuchillo de la luz entre los dientes,
y así sonriente y límpida,
brotó el agua.

Y era la desnudez corriendo sola
surgida de su clara multitud,
que aflojó las amarras de sus piernas brillantes
y en el primer remanso puso la cara azul.

El agua, con el agua a la cintura,
dejaba a sus adioses nuevas piedras de olvido,
y era como el rumor de una escultura
que tapó con las manos sus aéreos oídos.

Agua de las primeras aguas, tan remota,
que al recordarla tiemblan los helechos
cuando la mano de la orilla frota
la soledad de los antiguos trechos.

Y el agua crece y habla y participa.
Sácala del torrente animador,
tiempo que la tormenta fertiliza;
el agua pide espacio agricultor.

Pudrió el tiempo los años que en las selvas pululan.
Yo era un gran árbol tropical.
En mi cabeza tuve pájaros;
sobre mis piernas un jaguar.
Junto a mí tramaba la noche
el complot de la soledad.
Por mi estatura derrumbaba el cielo
la casa grande de la tempestad.
En mí se han amado las fuerzas de origen:
el fuego y el aire, la tierra y el mar.

Y éste es el canto del Usumacinta
que viene de muy allá
y al que acompañan, desde hace siglos, dando la vida,
el Lakantún y el Lakanjá.
¡Ay, las hermosas palabras,
que si se van,
que no se irán!

¿En dónde está mi corazón
atravesado por una flecha?
La garza blanca vuela, vuela como una fecha
sobre un campo de concentración.

Porque el árbol de la vida,
sangra.
Y la noche herida,
sangra.
Y el camino de la partida,
sangra.
Y el águila de la caída,

sangra.
Y la ventaja del amanecer, cedida,
sangra.
¿De quién es este cuello ahorcado?
Oíd la gritería a media noche.
Todo lo que en mí ya solamente palpo
es la sombra que me esconde.

Empieza a llover
en el tablado de la tempestad
y la anchura del agua abandonada
disminuye la nave de su seguridad.

Es la gran noche errónea. Nada y nadie la ocupan.
Tropiezan los relámpagos los escombros del cielo.
La gran boca del viento se estranguló en la ceiba
que defiende energúmena, su cantidad de tiempo.

Se canta el canto del Usumacinta,
que viene de tan allá,
y al que acompañan, dando la vida,
el Lakantún y el Lakanjá.

En una jornada de millones de años
partió el gran río la serranía en dos.
Y en remolinos de sombrío júbilo
creó el festival de su frutal furor.

Los manteles de su mesa son más anchos que el horizonte.
Pedid, y no acabaréis.
En el cielo de toda su noche,
una alegría planetaria nos hace languidecer.

Ésta es la parte del mundo
en que el piso se sigue construyendo.
Los que allí nacimos tenemos una idea propia
de lo que es el alma y de lo que es el cuerpo.

Se me vuelven tiendas de campo los pulmones,
cuando pienso en este río tropical,
y así en mi sangre se pudre la vida
de tanto ser energía
en soledad antigua o en presente caudal.

Cuando me llega el ruido de hachazos
de la palabra Izankanak,
me abunda el alma hasta salirme a los ojos
y oigo el plumaje golpe de un águila herida por el huracán.

Un mundo vegetal que trabaja cien horas diarias,
me ha visto pasar en pos de la noche y del alba.

Reconoció en mis ojos el poderoso espejo;
reconoció en mi boca fidelidad madura.
Vio en mis manos la caña que aflautó el aire húmedo
y le mostré mi pecho en que se oye la lluvia.

Mirando el río de aquellos días que el sol engríe,
al verde fuego de las orillas robé volumen
y entre las luces de lo que ríe, lo que sonríe,
es un jacinto que boga al sueño de otro perfume.

El pájaro turquesa
se engarzó en la penumbra de un retoño

y entre verdes azules canta y brilla
mientras la hembra gris calla de gozo.

Mirando el río de aquellas tardes
junté las manos para beberlo.
Por mi garganta pasaba un ave,
pasaba el cielo.

Mirando el río
di poca sombra:
todo era mío.

Todas pintadas, jamás extintas,
son estas aguas, río de monos, Usumacinta.
En tu grandeza
con esplendores reconfortaste savia y tristeza.
Te descubrí,
y en ese instante
tras un diamante
solté un rubí:
de asombro existo,
preclara cosa;
sangre dichosa
de haberte visto.

Robé a tu geografía
su riqueza continua de solemne alegría.
El que tumbe así el árbol de que estoy hecho
va a encontrar tus rumores entre mi pecho.
Y es un cantar a cántaros,
y es la nube de pájaros
y es tu lodo botánico.

En las sombras históricas de tu destino
cien ciudades murieron en tu camino.
Atadas de pies y manos
están esas ciudades.
Entre una jauría de árboles desmanes
se moduló la silaba final de esas edades.

Los hombres de un tiempo del río
la frente se hacían en talud;
y el resplandor terrestre de sus avíos
les dio una honda gracia de juventud.
Sonrían con las manos
como alguien que ha podido tocar la luz.

¡Ay, las hermosas palabras,
que si se irán,
que no se irán!
Lo que acontece ya en mi memoria cunde en mis labios,
con Uaxaktún,
con Yaxchilán.

Después fueron los paisajes sumergidos
y el sagrado maíz se pudrió.
Y en las ciudades desalojadas,
el reinado de las orquídeas se inició.
Así, cuando llueve socavando sobre el Usumacinta,
aun en la corteza de los viejos árboles
se encoge el terror.
El hombre abandonado que ahora lo puebla
fulgurará otra vez poderoso entre la muerte y el amor.

Eres el agua grande de mi tierra.
La tormenta dinámica del ocio tropical.
El hombre en ti es ahora la piedra que habla
entre el reino animal y el reino vegetal.
Por el hueco de un árbol podrido
pasa el verde silencio del quetzal.
Es una rama póstuma.
Es la inocencia deslumbrante que nada tiene que declarar.

La sapientísima serpiente,
lo llevó un día sobre su frente cenital.

¿En dónde está mi corazón
partido en dos por una flecha?
La garza blanca vuela, vuela como una fecha
sobre un campo de concentración.

¡Ay, las hermosas palabras,
que si se van...,
que no se irán
de este canto del Usumacinta,
que brotó de tan acá,
y al que acompañan, dando la vida, desde hace siglos,
el Lakantún y el Lakanjá.

Porque de el fondo del río
he sacado mi mano y la he puesto a cantar.

9 de mayo de 1947

TEMA PARA UN NOCTURNO

Cuando hayan salido del reloj todas las hormigas
y se abra —por fin— la puerta de la soledad,
la muerte,
ya no me encontrará.

Me buscará entre los árboles, enloquecidos
por el silencio de una cosa tras otra.
No me hallará en la altiplanicie deshilada
sintiéndola en la fuente de una rosa.

Estoy partiendo el fruto del insomnio
con la mano acuchillada por el azar.
Y la casa está abierta de tal modo,
que la muerte ya no me encontrará.

Y ha de buscarme sobre los árboles y entre las nubes.
(¡Fruto y color la voz encenderá!)
Y no puedo esperarla: tengo cita
con la vida, a las luces de un cantar.

Se oyen pasos—¿muy lejos?...— todavía
hay tiempo de escapar.
Para subir la noche sus luceros,
un hondo son de sombras cayó sobre la mar.

Ya la sangre contra el corazón se estrella.
Anochece tan claro que me puedo desnudar.
Así, cuando la muerte venga a buscarme,
mi ropa solamente encontrará.

31 de octubre de 1945

ÍNDICE

Este libro se acabó de imprimir el día
31 de octubre de 1979 en los talleres
de Gráfica Panamericana, S. C. L., Pa-
rroquia 911, México 12, D. F. Se tiraron
3 mil ejemplares y en su composición
se utilizaron tipos Bodoni de 14 y 12:14
puntos. Cuidó la edición *Tomás Acosta
Mejía.*

Nº 2972